DIEU DANS L'HISTOIRE

PAR

G. BONET-MAURY

Y a-t-il de l'ordre dans l'histoire ou bien le monde est-il le jouet du hasard ? Les événements suivent-ils un cours fatal, comme celui d'un torrent emporté sur sa pente, ou bien se déroulent-ils suivant une marche plus ou moins régulière, orientée par une sagesse souveraine qui accepte le concours des volontés humaines ? En d'autres termes, les sociétés, les nations, l'humanité sont-elles gouvernées par des forces physiques et physiologiques irrésistibles, ou bien l'histoire nous offre-t-elle le spectacle de la lutte d'êtres intelligents et libres, guidés par une loi morale, contre les forces aveugles et brutales de la Nature ? Tel est le problème, qui se pose devant l'esprit de tout observateur attentif des événements. Il n'en est pas — j'ose le dire — après la question de la destinée de l'homme, de plus digne d'attirer votre attention ; car il s'agit, en dernière analyse, de savoir si l'homme est un acteur libre ou une marionnette sur le théâtre de ce monde.

En énonçant les données du problème, j'ai indiqué du même coup les trois conceptions de la philosophie de l'histoire qui se disputent le terrain, depuis un siècle et plus (1).

J'écarte d'emblée le système qui attribue au hasard l'éclosion des grands hommes et la production des événements, comme

(1) On consultera avec fruit le savant ouvrage de M. René Lavollée, intitulé : « *La morale dans l'Histoire.* » Paris, chez Plon, 1894, in-8°.

étant à la fois contraire au bon sens et à la raison. Vous figurez-vous la terre formée par la rencontre d'atomes crochus et notre globe se promenant à la dérive dans l'espace, au risque de heurter d'autres corps célestes dans sa course désordonnée ? Non, certes. Eh bien ! il serait aussi absurde de dire que les grands hommes sont le produit du hasard et que les nations se gouvernent sans but, sans direction ! Il y a longtemps que Voltaire, ce grand rieur trop calomnié, a dit : « *Si Dieu n'existait pas, il faudrait l'inventer !* » et qu'il a écrit ces beaux vers dans son épître à Mme du Chatelet :

> L'espace, qui de Dieu contient l'immensité
> Voit rouler dans son sein l'univers limité..,
> Dieu parle et le chaos se dissipe à sa voix,
> Vers un centre commun tout gravite à la fois !

— Restent deux conceptions : le fatalisme qui s'appelle lui-même « la conception matérialiste de l'histoire », — titre d'une conférence faite par M. Jaurès, cet hiver —, et la conception spiritualiste ou libérale.

Je me propose, dans une première partie, de réfuter les principales théories matérialistes de l'histoire ; la seconde sera consacrée à l'exposé de la conception spiritualiste, qui est la mienne. Mais, avant d'entrer en matière, il faut signaler les vues d'un grand écrivain, Montesquieu, qui s'est placé à un point de vue intermédiaire entre les deux écoles.

Montesquieu a, le premier, dans son *Esprit des lois* (1748), débrouillé le chaos des faits et des coutumes et il a montré que les événements obéissent à certaines lois, comme les phénomènes de la nature physique.

« Les lois, a-t-il écrit, sont les *rapports nécessaires* qui dérivent de la nature des choses. Dans ce sens, tous les êtres ont leurs lois : la divinité a ses lois, le monde matériel a ses lois, les intelligences supérieures à l'homme, comme les bêtes et l'homme lui-même ont leurs lois. » Mais il ajoute aussitôt, comme s'il prévoyait l'objection faite au nom de la liberté :

« Ceux qui disent qu'une fatalité aveugle a produit tous les êtres que nous voyons au monde, ont dit une grande absurdité ; car, comment une force aveugle aurait-elle produit des êtres intelligents ?

« Dieu, dit-il, a du rapport avec l'univers comme créateur et comme conservateur ; les règles, selon lesquelles il gouverne, il les connaît, parce qu'il les a posées dans sa sagesse et sa puissance.

« Quoique le monde moral ait, de même que le monde physique, des lois qui, par leur nature, sont invariables, il ne les suit pas constamment comme le premier. La raison est que les êtres intelligents sont bornés par leur nature, donc sujets à erreur et ils agissent par eux-mêmes, spontanément, librement. »

Et il conclut en disant que « l'homme, en tant qu'être intelligent, viole sans cesse les lois établies par Dieu et change celles qu'il a établies lui-même ».

Ainsi, l'auteur de l'*Esprit des lois* maintient, à la fois, l'existence de règles gouvernant le monde des êtres intelligents et le pouvoir qu'a l'homme de se soustraire à ces règles en vertu de sa liberté. On peut même inférer de ce qu'il dit de la nature des lois divines, qu'il reconnaît à Dieu le pouvoir de les suspendre ou d'en modifier l'application suivant les circonstances. Montesquieu mérite donc une place à part.

I

Les théories matérialistes de l'histoire.

L'écrivain allemand Herder reprit la définition, que Montesquieu avait donnée des lois, en tant que rapports nécessaires; mais, négligeant le correctif que ce dernier y avait apporté en stipulant le maintien de la liberté des êtres moraux, il aboutit à une sorte de fatalisme optimiste. C'est dans son livre des *Idées sur la philosophie de l'histoire de l'humanité* (1784-88), que l'on trouve la première fois le genre humain assimilé à une espèce de plante, ayant ses phases de

croissance, de floraison et de déclin »; un phénomène historique, dit-il, est une production naturelle.

« Toutes choses, sur notre terre, ont été ce qu'elles pouvaient
être, suivant la situation du lieu, les circonstances du temps,
le génie natif ou accidentel du peuple. Admettez dans l'humanité des forces actives, dans une relation déterminée avec les
temps et les lieux, toutes les vicissitudes de l'histoire suivront
comme autant de conséquences. L'histoire de l'humanité tout en-
tière n'est que l'*histoire naturelle d'un système de forces, d'actions
et dispositions humaines*, en rapport avec le temps et le lieu. »

— Edgar Quinet fit de ce livre de Herder une version bril-
lante en français (1828) et qui contribua à répandre ces idées ;
mais il fit des réserves, plus formelles encore que Montesquieu,
en faveur de la liberté, de la raison et de la justice. Le baron de
Bunsen en fit de plus fortes encore en faveur de l'ordre divin
et de la liberté, dans son beau livre : « *Dieu dans l'histoire* »
auquel nous avons emprunté le titre de notre travail (1).

Il semblait que cette conception de « rapports nécessaires »
d'enchaînement fatal des faits et gestes de l'homme répugnât
au génie français, si primesautier et si indépendant. Tous
les écrivains, dont nous nous faisons gloire, Bossuet et Turgot,
Augustin Thierry et Guizot, Henri Martin et Michelet avaient
rejeté cette idée, elle traînait à terre. Taine l'a ramassée (il l'a
avoué lui-même), et avec la logique qui caractérisait son puis-
sant esprit, l'a poussée à ses dernières conséquences. Vous la
trouverez exposée : dans son *Etude sur Tite-Live* (1854), dans
son Introduction à l'*Histoire de la littérature anglaise* (1864),
« dans la *Préface de ses Essais de critique et d'histoire* » (1865).
Il n'est que juste d'ajouter que, dans les derniers volumes de
sa « *France contemporaine* », dans le régime moderne par
exemple, il a en partie atténué la rigueur de son système, en
essayant de faire sa place à la justice et à la liberté (2).

(1) V. Traduction réduite par A. Dietz, avec préface d'Henri Martin.
Paris, 1863, chez Didier, in-8°.

(2) V. Discours de réception de M. Albert Sorel à l'Académie française, 7 février 1895.

Quoi qu'il en soit, voici les formules de Taine sur la philosophie de l'histoire :

« Les mouvements de l'*automate spirituel*, qu'est notre être, « sont aussi réglés que ceux du monde matériel. » (*Etude sur Tite-Live.*)

« Que les faits soient physiques ou moraux, qu'il s'agisse de la forme d'une côte, de la configuration d'un pays, ou de la littérature et des institutions d'un peuple ; des productions du sol ou du génie d'un artiste ou d'un homme d'Etat — toutes les choses humaines ont leurs causes, leurs conditions et dépendances inflexibles. Le vice et la vertu sont des produits, comme le vitriol et le sucre. » (*Introduction à l'Histoire de la littérature anglaise.*)

Or, voulant assimiler les sciences morales aux sciences naturelles, Taine a prétendu retrouver dans l'histoire humaine les principales lois de l'histoire naturelle, par exemple la loi de balancement des organes, la loi de sélection, etc.

L'histoire à ses yeux, comme pour Herder, devient un problème de mécanique et il ramène toutes les causes de l'histoire à trois forces primordiales, LA RACE, LE MILIEU, LE MOMENT. Et ces causes, Taine ne les considérait pas comme des influences, auxquelles l'individu peut résister à l'aide de sa volonté ou sa raison, — réserve faite par Montesquieu — ; mais il les regardait comme des agents physiques, des forces aveugles concourant à former les êtres, qui s'appellent des nations ou des grands hommes, exactement de même façon qu'en chimie un corps composé est une combinaison de corps simples ; ou un sel formé d'un acide et d'une base.

Exposer cette théorie, c'est déjà en commencer la réfutation, car il y a telle de ces formules de Taine qui révolte la conscience ou la dignité. N'avez-vous pas frémi, en entendant des assertions comme celle-ci : « L'homme est un automate. » « Le vice et la vertu sont des produits comme le vitriol et le sucre ? »

Oui, certes, nous avons conscience de la liberté, de la responsabilité de nos actions — et, quand on vient nous dire que « nous ne sommes que des automates ou des fabriques de produits chimiques »,cela nous étonne; que dis-je ? nous ressentons de telles paroles presque comme une offense à notre honneur !

Or, il y a plus, le bons sens — ce génie de tout le monde — proteste contre l'identité qu'on voudrait établir entre les sciences physiques et les sciences morales, entre l'histoire naturelle et l'histoire de l'humanité. Les naturalistes ont toujours fait la différence. Il y a longtemps que Buffon a écrit : « On « conviendra que le plus stupide des hommes suffit pour conduire le plus spirituel des animaux... et cela moins par force « et adresse que par supériorité de nature. » Cette supériorité, Buffon l'établit par deux motifs : 1° l'usage de la parole ; 2° l'incapacité des animaux à inventer et à perfectionner quoi que que ce soit, et il en conclut que le Créateur a mis une distance immense entre l'homme et la bête.

Qu'il y ait des analogies entre certaines lois de l'histoire naturelle et telles lois du monde moral, je l'accorde — cette correspondance avait été déjà signalée par Aristote, — mais gardons-nous d'y voir une identité ! Il y aura toujours entre les deux mondes cet abîme, que l'être humain, à moins d'être idiot ou alcoolique, est doué de *parole* et de *raison*, de *liberté* et de *religion*, tandis que la nature — plante ou animal — n'a aucune de ces facultés. Qui de nous ne connaît l'admirable définition de Pascal ? « L'homme n'est qu'un roseau, le plus faible de la nature — mais c'est un roseau pensant. Une vapeur, une goutte d'eau suffit pour le tuer, mais, quand l'univers l'écraserait, l'homme serait encore plus noble que ce qui le tue, parce qu'il sait qu'il meurt et l'avantage que l'univers a sur lui, l'univers n'en sait rien ! »

« Enfin, dans cette lutte de l'homme contre la nature, « la partie nous est favorable, a très bien observé Michelet (1), « car des deux adversaires, l'un ne change pas, et l'autre « change et devient plus fort. La nature reste la même — tandis que, chaque jour, l'homme prend quelque avantage sur

(1) Michelet : Introduction à l'Histoire universelle, p. 11.

« elle. Les Alpes n'ont pas grandi et nous avons frayé le Sim-
« plon. »

L'isthme de Suez ne s'est pas élargi, depuis Moïse, et la
ténacité géniale d'un grand Français a réussi à le percer,
achevant un travail d'Hercule, devant lequel avaient reculé
les Pharaons et les empereurs romains.

Prenons un à un chacun des trois facteurs de l'histoire
d'après Taine et éprouvons-en la valeur à l'aide de quelques
exemples : « L'homme, dit-il (1), forcé de se mettre en équili-
bre avec les circonstances, contracte un tempérament et un
caractère, qui leur correspondent et sont d'autant plus stables
que l'hérédité est plus longue. Ainsi le caractère d'un peuple
est comme le résumé de toutes ses actions et sensations pré-
cédentes. » Mais qu'est-ce que la race ?

« C'est, continue Taine, cet ensemble de dispositions innées
et héréditaires que l'homme apporte avec lui et qui, d'ordi-
naire, sont jointes à des différences marquées dans le tempérament et la structure du corps... Elles varient suivant les
peuples. Il y a des variétés d'hommes, comme il y a 'des variétés de chevaux et de taureaux, les unes braves et intelli-
gentes, les autres timides et bornées... Il y a là une force dis-
tincte, toujours reconnaissable, même à travers les énormes
déviations que lui causent le milieu et le moment. »

Cela est vrai — mais en partie seulement. Il est exact que
l'espèce humaine peut se diviser en cinq ou six groupes appe-
lés races, distingués par le teint, la taille, l'angle facial et par
le genre de vie et certains traits de caractère. Mais il est faux
que ces signes distinctifs de la race soient les seules causes,
qui déterminent le tempérament d'un peuple ou le caractère
d'un homme.

Je répondrai d'abord : l'action de la race a été singulière-
ment affaiblie par le mélange, le croisement de peuples, qui
s'est opéré à peu près partout dans le monde, par suite des
migrations, par exemple en Europe, à l'invasion des Barba-

(1) Introduction à l'Histoire de la Littérature anglaise, 1er vol.
p. XXV.

res et qui se continue aux Etats-Unis sur une large échelle. A quelle race pouvez-vous assigner les Français, les Anglais, les Suisses ou Américains ? Ce sont tous des peuples de sang mêlé.

Mais, dira-t-on peut-être, chez ces peuples de race mixte, le caractère, les tendances sont déterminées par la proportion de telle ou telle race, dans telle ou telle province. Prenons pour exemple la Suisse, qui offre le mélange de 3 ou 4 races : les aborigènes, sans doute des Celtes, des Allamans, des Italiens et des Grisons, dernier débris des colonies romaines. Or, vous pensez sans doute que les aspirations de la Suisse allemande la portent vers l'Allemagne, et, par contre, que la Suisse romande va se jeter dans les bras de la France, et le Tessin, dans ceux de l'Italie ? Détrompez-vous ! Nous savons, hélas ! par de récentes et amères expériences, que Genève et Neuchâtel ont eu de longue date des préférences marquées pour la Prusse et pour l'Angleterre et, par contre, c'est à Bâle et à Zurich que se trouvent les pôles de l'influence française. — Comment expliquer ces affinités politiques ? Evidemment, elles ne tiennent ni à la race, ni à la langue.

Mais deux autres causes s'opposent aux influences de race : la *personnalité morale*, ou liberté individuelle, et la *personnalité nationale*, ou liberté publique. Je citerai un exemple pour chacune.

Voyez d'abord Akbar, cet empereur mongol qui a gouverné l'Inde au XVI° siècle, pendant que Henry IV régnait en France. Il a été l'un des princes les plus éclairés, les plus justes, les plus religieux de son temps. Entouré du prestige que donnent les victoires, il a préféré les arts de la paix ; il a donné des lois admirables et créé l'administration ; il a fondé des villes, couvert l'Inde de monuments superbes et fait régner la tolérance entre les races et religions multiples, qui se disputaient dans son empire, au point qu'il a mérité d'être comparé à Marc-Aurèle. Où avait-il puisé cette sagesse, cette tolérance ? L'école matérialiste répondrait : dans sa race et sa religion, chez ses parents ou ses prêtres. — Or, il était musulman, et ses aïeux n'étaient autres que Gengiskhan et Tamerlan, ces guerriers tartares qui conquirent l'Asie, firent trembler l'Europe et, après chaque victoire, élevaient des pyramides de têtes coupées.

Mais ce sentiment de liberté réagissant contre la race, vous le trouverez aussi à l'œuvre chez les peuples ; c'est lui qui fait leur originalité, qui différencie une nation d'une autre, de même sang, et détermine des événements souvent diamétralement contraires aux affinités de race.

Prenons, par exemple, les Pays-Bas au XVIe siècle. Voilà un pays habité par une race vaillante et laborieuse, industrieuse et endurante. Les cités flamandes furent les premières à conquérir leurs « chartes de commune » et quelques-unes, comme Liége, ne craignirent pas de tenir tête au roi de France. De la Meuse et l'Escaut, jusqu'à la mer du Nord, même race, même langue, même organisation sociale, mêmes goûts. Or, au XVIe siècle, par suite d'un mariage, cette contrée passa de la maison de Bourgogne à la couronne d'Espagne : Charles-Quint, puis Philippe II, malavisés, essayèrent d'y établir l'inquisition. Le peuple, les grands seigneurs en tête, s'agite et proteste. On envoie le duc d'Albe, qui, plus terrible que Richelieu, fait décapiter les comtes d'Egmont et de Hornes et institue le Conseil des troubles, justement surnommé le « Tribunal du sang ». Après vingt-cinq ans de résistance commune, les provinces du Sud se lassent, capitulent et acceptent le joug espagnol. Les sept provinces du Nord, au contraire, résistent jusqu'au sang et finissent par sortir, victorieuses et indépendantes, de cette lutte héroïque de 80 années.

Pourquoi cette inégalité d'attitude et de destinée, entre les deux moitiés d'une même race ? Parce que les Provinces-Unies du Nord avaient trouvé pour les conduire un grand homme, Guillaume d'Orange, le Taciturne, qui, avec ses frères, a dévoué sa vie et sa fortune à la défense de la liberté, et, aussi, parce que la foi religieuse des Calvinistes, plus vivace dans le Nord, a décuplé la vigueur du sentiment national.

Après la race, c'est au milieu que Taine attribuait l'action formatrice du type naturel ou individuel. « L'homme dit-il, n'est pas seul dans le monde ; la nature l'enveloppe et les autres hommes l'entourent. Tantôt le climat a fait son effet.... ; tantôt les circonstances politiques ont travaillé.... ; tantôt enfin les conditions sociales ont imprimé leur marque, comme il y a dix-huit siècles par le christianisme et il y a vingt-cinq siècles par le bouddhisme.

« Les instincts régulateurs, les facultés implantées d'une race, bref le tour d'esprit, d'après lequel elle pense et agit aujourd'hui est le plus souvent l'œuvre de ces circonstances enveloppantes, de ces persistantes et gigantesques pressions exercées sur un amas d'hommes (1). »

Pour le climat, j'emprunte la réfutation à Michelet (2) :

« Je ne sens que trop l'action absorbante de la nature physique sur l'homme, a-t-il dit, surtout par le trouble que ce monde ennemi jette en moi-même. Et pourtant, la liberté se meut comme disait Galilée ; en moi je trouve quelque chose qui ne veut pas céder, qui n'accepte le joug ni de l'homme, ni de la nature, qui ne se soumet qu'à la raison, à la loi, qui ne connaît point de paix entre soi et la fatalité ! Dure à jamais le combat ! il constitue la dignité de l'homme.

« Et il durera, n'en doutez pas, tant que la volonté humaine se raidira contre les influences de race et de climat, tant qu'un Byron sortira de l'industrielle Angleterre pour aller combattre et mourir pour l'indépendance de la Grèce. »

Il durera tant que les soldats de la France iront, au nom de la liberté du monde, camper indifféremment en Morée ou dans les plaines de Magenta et de Solferino ; en Syrie, pour la protection des chrétiens Maronites, ou à Madagascar, pour la défense de la bonne foi des traités odieusement trompée.

Ainsi, il n'est pas vrai, comme l'avait déjà avancé Montesquieu, que dans certains climats, le physique a une telle force que la morale n'y peut presque rien. S'il en était ainsi, comment le christianisme aurait-il pu faire prévaloir sa morale

(1) TAINE : Ouvrage cité, p. XXVIII.
(2) Introduction à l'Histoire universelle, page 10 et suivantes.

chez des peuples, comme les Abyssins, aussi bien que chez les Eskimaux du Labrador ?

L'argument, tiré des « circonstances politiques », est-il plus vrai, plus valable ? Je ne le pense pas. Par « milieu », l'historien de la littérature anglaise entend aussi la situation politique. C'est ainsi, d'après Taine, qu'en France « l'organisation latine « qui, imposée d'abord à des barbares dociles (par Charlemagne), puis brisée dans la démolition universelle, s'est reformée d'elle-même sous la conspiration latente » de l'instinct national, et a abouti tantôt à une monarchie héréditaire (Louis XIV), tantôt à une République égalitaire fortement centralisée (la Convention). »

Mais, dirons-nous, comment se fait-il que l'Italie, qui s'est trouvée exactement dans les mêmes conditions et où les traditions de l'Empire romain étaient bien plus vivaces, soit restée pendant des siècles à l'état de républiques juxtaposées, à peine confédérées çà et là ? Il y avait pourtant le même mélange de races latines et germaniques, les mêmes influences.

La raison capitale me paraît être qu'à Rome, il y a eu une série de pontifes, d'ailleurs fort grands politiques, qui n'ont eu qu'un souci : maintenir le morcellement de l'Italie, pour assurer l'indépendance et la grandeur du pouvoir temporel.

A Aix-la-Chapelle, puis à Paris, par contre, on rencontre une série de souverains, depuis Charlemagne jusqu'à Louis XIV, qui n'ont eu qu'une pensée : assurer l'unité nationale de la France. Telle est l'influence des personnalités sur le développement historique des nations.

Taine dit, enfin, que ce sont les conditions sociales qui ont imprimé leur marque sur les grands mouvements de l'humanité, c'est-à-dire sur les mouvements religieux. Il me serait bien facile de vous montrer que ce ne sont pas les conditions sociales, où la conquête Romaine avait placé les Juifs et les autres peuples méditerranéens, qui ont produit le christianisme, que ce dernier ne se conçoit pas sans l'initiative d'une personnalité morale exceptionnelle, d'un divin révélateur.

Mais voyez les Croisades. S'il y a un mouvement qui ne soit

pas le résultat de l'état social de l'Europe aux XIe et XIIe siè-cles, c'est bien celui-là. Vous savez qu'on était en plein régime féodal : le pouvoir politique et judiciaire attaché à la possession du sol. Tout devenu local, toute la société réduite à une immense hiérarchie montant, par degrés, du serf ou du simple clerc à l'empereur et au pape. Toute autorité, toute initiative partant d'en haut !

Eh bien ! il suffit du récit de quelques pèlerins, des prédica-tions d'un pauvre ermite, décrivant les souffrances des chré-tiens en Orient et les outrages faits au sépulcre du Christ, pour enflammer tous les cœurs, d'un bout de l'Europe à l'autre, et pour soulever les nations dans un immense effort contre l'Islamisme, et ce mouvement se manifeste, d'abord, dans les couches populaires. Ces premières bandes de croisés, ne l'oubliez pas, étaient composées de paysans et d'artisans sui-vies, plutôt que conduites par des chevaliers !

Avant les croisades, point d'Europe : ce sont elles qui, les premières, ont donné aux nations chrétiennes conscience de leur solidarité, de l'unité de la République chrétienne, comme disaient les papes. — Or ça, quelles furent les causes de ce mouvement vraiment admirable et si fécond en résultats pour le progrès de la civilisation ? La race ? — Non. Le climat ? — Pas davantage. Les conditions sociales de la féodalité ? — Evidemment non ! — Mais deux causes spirituel-les : l'idée d'un outrage fait à l'honneur de Dieu et de son Christ par les Mahométans ; et le sentiment de solidarité, de fraternité des peuples, rachetés par le sacrifice de la Croix !

Le troisième facteur de l'histoire, d'après Taine, c'est le moment. Cause plus difficile à définir. La race, c'est la force qui agit du dedans et est dans le sang. Le milieu, c'est la force qui agit du dehors, à la manière de la pression atmosphérique ou des gaz. Mais qu'est-ce que le moment ?

« L'œuvre faite par la race et le milieu, dit Taine, contribue « à produire ce qui suit ; il y a une sorte de vitesse acquise, « transmise par les événements ou circonstances politiques « antérieures. » Et il compare cette force d'impulsion à la sève produisant dans la plante, aux divers moments : le bourgeon, la fleur, le fruit. Après la théorie, voici l'exemple : « Le moyen-« âge dit-il, a subi certaines conceptions dominatrices ; pen-« dant 2, 3, 500 ans, les hommes ont vu dans le chevalier, dans « le moine, le modèle idéal de l'homme. Et ce sont ces idées « créatrices qui se sont manifestées dans tout le champ d'ac-« tivité dépensée au moyen-âge. »

Merveilleuse époque, en effet, que le moyen-âge et trop longtemps méconnue ! « Jamais peut-être, a dit excellemment « M. Brunetière, de plus rares dévoûments, de plus nobles sacri-« fices, de plus glorieuses folies n'ont honoré l'homme. Les plus « grands hommes de l'antiquité, les Périclès ou les Démosthène, « les Caton ou les Cicéron, sont petits, quand on les compare à « ces rois, à ces chevaliers, à ces moines que soulève au-« dessus de la terre la folie de la Croix ! » Mais, pourquoi rester à mi-chemin et ne pas remonter de cet idéal à sa cause ? Qui a donné aux hommes du moyen-âge la notion du moine et du chevalier ?

Des héros du monde religieux ou politique, qui ont fait une vive impression sur l'imagination du peuple. Jamais, en effet, ces hommes à demi-barbares des Xe et XIe siècles n'eussent conçu cet idéal de l'ascète religieux, voué à toutes les privations et à la plus amère de toutes, la solitude, pour atteindre la sainteté parfaite et prier pour les péchés de tous, si des héros n'avaient illustré ce genre de vie. Il a fallu, en Orient, les exploits d'un saint Basile, d'un saint Antoine et des Pères de la Thébaïde ; en Occident, ceux d'un saint Jérôme et d'un saint Benoît de Nursie, pour leur inculquer l'admiration du type du moine.

Il en est de même du type du chevalier ; ce soldat du Christ, dévoué à la défense des faibles et des opprimés, popularisé par nos chansons de geste, n'est que l'image, embellie par la poésie et la légende, d'un Charlemagne et de ses preux : Olivier, Roland, l'archevêque Turpin. Il arrive parfois que les deux types du chevalier et du moine se confondent, comme dans saint Benoît d'Aniane, Godefroy de Bouillon ou saint Martin !

Mais, il y a plus et je vais montrer, par un dernier exemple, que cette idée dominatrice d'une époque n'a pas, à elle seule, la vertu créatrice, que lui attribue l'historien de la littérature anglaise.

Depuis le milieu du XIIIe et en tout le XIVe siècle, l'idée dominante, c'est l'appel à un « *Concile général* » et la « *Réformation de l'église dans son chef et dans ses membres* ». L'empereur Frédéric II et le franciscain Gerardino de San Donnino font entendre les premiers cet appel à un Concile réformateur ; les Universités de Paris, d'Oxford et de Prague le proposent comme remède au Schisme d'Occident ; rois et empereurs l'appuient ; trois grands conciles : Pise, Constance et Bâle entreprennent cette réforme — et elle échoue piteusement ! — Un siècle après, elle aboutit ; la réformation de l'église, réclamée depuis deux siècles, s'opère enfin, il est vrai, au prix d'un schisme. — D'où vient cela ?

C'est que l'idée de réforme, en elle-même, n'avait pas eu la force de percer ; ou plutôt, cela tient à ce que le caractère personnel des réformateurs du XVIe siècle, Luther, Zwingle, Calvin a été plus grand, plus tenace, que celui des *leaders*, des conciles au XVe siècle, fussent-ils un Gerson ou un Pierre d'Ailly. C'est par leur courage, plus encore que par leurs arguments, que la cause de la Réforme et du progrès a triomphé.

II

La conception spiritualiste de l'histoire.

Nous avons accompli plus de la moitié de notre tâche, en dégageant de l'exemple de certains grands hommes et de maints événements les forces morales qui agissent dans l'histoire.

En résumé, ni la race, ni le climat, ni les milieux politiques et sociaux, ni les idées dominantes d'une époque ne suffisent pour expliquer le caractère d'un Akbar ou d'un Guillaume le Taciturne, d'un saint Benoît ou d'une Jeanne Darc. Ces forces naturelles ne peuvent rendre raison d'événements, comme les Croisades ou l'avènement de la République des Provinces-Unies des Pays-Bas ou la Réformation du XVI° siècle.

Les trois facteurs matériels, dont je ne nie pas d'ailleurs l'influence, sont tenus en échec et souvent vaincus par des agents spirituels de premier ordre, qui s'appellent : *la liberté, la justice, la vérité et la solidarité*. Et ces forces morales, à leur tour, ont pour organes, dans ce monde, des héros et des prophètes, c'est-à-dire de puissantes individualités, pénétrées de la grandeur de ces idées et résolues à tout sacrifier, jusqu'à leur vie, pour le triomphe de ces nobles causes. Quand ces idées l'emportent sur les agents physiques, il y a progrès, grandeur ; dans le cas contraire, il se produit un état stationnaire, puis rétrograde, qui aboutit à la décadence du peuple chez qui ces idées ont subi la défaite.

Le progrès, qui suit la victoire de l'idée sur la nature ou la force brutale, est à la fois la marque de notre supériorité sur les animaux et la grande loi du mouvement de l'histoire. Sans doute, à la différence de l'évolution nécessaire et rectiligne des espèces en histoire naturelle, il ne suit pas une ligne droite, il va en spirale ou en zig-zag ; sans doute, le mouvement des peuples est irrégulier, intermittent, tantôt plus lent, tantôt plus rapide ; mais, somme toute, si l'on considère les grandes périodes de temps, l'humanité a marché en avant et elle avance vers toujours plus de vérité, plus de justice, plus de liberté, plus de lumière.

« Suivez, a dit Michelet (1), d'Orient en Occident les migrations du genre humain, observez dans ce long voyage de l'Asie à l'Europe, de l'Inde à la France, vous verrez à chaque station diminuer la puissance fatale de la nature, et l'influence de race et de climat devenir moins tyrannique.... » Au point de départ, dans l'Inde, l'homme est énervé et presque accablé par la toute-puissance d'une nature exubérante. Il n'échappe au joug des castes ou à la tyrannie du pouvoir absolu, que par

(1) Introduction à l'Histoire universelle, p. 11 et suiv.

la contemplation, par les fugues au pays de la métaphysique ou par l'anéantissement de toute passion, de tout désir (*le nirvana*).

De l'Inde à la Médie et à la Perse, l'humanité fait un premier pas en avant ; dans ces pays, la liberté commence à s'émanciper des « *nœuds d'acier* » du climat et de la race; la religion s'élève du panthéisme qui divinisait toutes les forces, tous les phénomènes de la nature, à la conception de la lutte entre les deux principes du bien et du mal ; peut-être même jusqu'au monothéisme, et les nobles, à plusieurs reprises, secouent le joug de la tribu cléricale des mages.

De l'Egypte à la Judée, la liberté poursuit ses progrès, comme de l'Inde à la Perse : Israël, guidé par un grand homme, Moïse, sacrifie les *viandes et les oignons d'Egypte* et quitte les plaines fertiles de Goschen pour les roches arides du Sinaï et le sol ingrat de la Pérée et de la Judée. Après les héros de la guerre de conquête contre les Cananéens, paraissent les Prophètes qui préservent ce petit peuple des erreurs et préjugés de la théocratie et, en y maintenant la grande tradition mosaïque de l'unité divine et de l'espérance messianique, le préparent à remplir sa glorieuse mission dans le monde.

Il y a progrès de la Perse à la Grèce ; car les Grecs conçoivent un idéal de liberté publique, de beauté morale et même de dignité de l'épouse, très supérieur au genre de vie sensuelle et polygame des Perses. De sorte qu'on a pu dire avec raison que les héros de Marathon, de Salamine et de Platée avaient sauvé l'Europe d'une invasion de barbares !

Il y a progrès de la Grèce, au temps de la Ligue Achéenne, si divisée et si dégénérée de son antique splendeur, à l'Empire romain d'Auguste, de Trajan et Marc-Aurèle : car, si Rome a asservi tous les dieux dans son Panthéon, en revanche, elle a doté l'Europe d'une seule loi, d'une seule langue, d'un système de routes admirables ; enfin, de cette « *pax romana* » qui favorisa la fusion des races, l'échange des idées et prépara les voies au triomphe du Christianisme.

Il y a progrès, enfin, de la Rome du Bas-empire et du chaos

des invasions Barbares à Charlemagne, qui, le premier, fait régner l'ordre et pénétrer, avec le christianisme, les premiers germes de civilisation. Après, une période de déclin et de torpeur aux X⁰ et XI⁰ siècles, l'humanité, comme rafraîchie par cette sorte de sommeil, se réveilla au XII⁰ siècle et reprit sa marche en avant... Et, ainsi de suite, le développement de l'esprit humain s'accomplit, par des alternatives de progrès, d'état stationnaire et de recul, qui, somme toute, se résolvent par un avancement.

S'il en est ainsi, si le progrès est bien l'œuvre des grands hommes, se mettant au service de la justice et de la liberté, de la vérité ou de la solidarité, une dernière question se pose. Il arrive souvent que les héros ou les prophètes succombent dans la lutte de l'idée contre la nature, du droit contre la force brutale : et alors nous leur donnons le titre de martyr, c'est-à-dire de témoins de ces grandes causes. Tels ont été Sanovarole ou Jeanne d'Arc, l'amiral Coligny ou Guillaume le Taciturne. Et pourtant, la cause qu'ils ont défendue, au prix de leur sang, finit par triompher. Le capitaine tombe frappé à mort : le drapeau, pour lequel il a combattu, remporte la victoire. Non seulement, la marche en avant n'est pas arrêtée par la mort de ces grands « *leaders* » ; mais, il y a plus, leur mort même, le spectacle de leur héroïsme contribue au triomphe de leurs idées :

« *Figlio del sangue è vero* »

comme a dit le poète italien. D'où vient cela ?

De ce que l'homme n'est pas seul dans cette lutte de l'esprit contre la nature, de la liberté contre le joug, de la race ou de la caste, de la justice et de la solidarité contre la pression des milieux sociaux ou politiques, de la vérité contre la tyrannie des erreurs et des intérêts coalisés. En effet, comme dit le choral de Luther :

> Notre force est faiblesse ;
> Mais un héros, dans ces combats,
> Pour nous lutte sans cesse.

Un génie invisible pousse la nef humaine contre vents et marées et, semblable à l'étoile polaire, la dirige à travers les écueils vers le port, où elle jouira de la plénitude du vrai et du droit, du bien et du beau. Ce héros, ce génie invisible, vous l'avez nommé, c'est Dieu ! c'est l'être conscient et libre, qui a créé les hommes à son image et qui les a placés sur la terre, non pas pour s'épuiser en agitations stériles ou en luttes fratricides ; mais pour s'entr'aider les uns les autres, pour rivaliser dans les conquêtes de la science et des arts, du droit et de la vérité, enfin pour réaliser ce que l'Evangile appelle : « *Le Royaume des cieux sur la terre.* »

Ici, qu'il me soit permis de placer mes conclusions sous les auspices de l'historien illustre, qui a mis en pleine lumière ces lois de la civilisation en Europe et en France.

« Ainsi, disait François Guizot, il y a soixante-dix ans (1), l'homme avance dans l'exécution d'un plan qu'il n'a point conçu, qu'il ne connaît même pas. Il est l'ouvrier intelligent et libre d'une œuvre qui n'est pas la sienne ; il ne la reconnaît, ne la comprend que plus tard, lorsqu'elle se manifeste au dehors... C'est par la main des hommes que s'exécute le plan de la Providence dans le monde... Mais sa marche n'est pas assujettie à d'étroites limites ; elle ne s'inquiète pas de tirer aujourd'hui la conséquence du principe qu'elle a posé hier ; elle la tirera dans des siècles, quand l'heure sera venue... Et pour raisonner lentement, sa logique n'est pas moins sûre. »

CONCLUSION

Arrivé au terme de cette étude, j'espère vous avoir mis en état de répondre aux questions que je posais en commençant. Ce monde est-il le jouet du hasard ? — Non ; point de hasard. Il y a de l'ordre dans l'histoire, comme dans la nature. — Mais, cet ordre, cet enchaînement des faits est-il produit seulement par des forces matérielles, donc aveugles ; ou par des idées dominantes, et irrésistibles ? — Pas davantage ; il n'y a point de

(1) Histoire de la civilisation en Europe ; t. I, p. 21 et suivantes.

fatalité. Entre le hasard et la fatalité, il y a une voie, la voie royale de l'ordre dans la liberté ou plutôt de la liberté dans l'ordre. Dieu conduit les hommes et les peuples, mais non pas à la manière d'un maître qui mène ses esclaves à coups de fouet. Etre souverainement libre, il a voulu nous associer en quelque mesure à son gouvernement, à sa politique dans ce monde. Il ne veut pas d'une obéissance craintive et servile, mais d'une coopération volontaire et joyeuse à son plan de justice et de bonheur. C'est là notre rôle limité, mais glorieux dans l'histoire.

Si nous résistons à la direction de Dieu — et nous en avons le pouvoir — nous nous rendons malheureux et ne retardons l'amélioration du genre humain que de quelques années, une ou deux générations au plus. Si, au contraire, nous nous y associons spontanément, nous avons la conscience en paix, car lors même que nous sortirions meurtris et vaincus de la bataille de la vie, nous savons que nous n'avons pas travaillé en pure perte, que nos efforts auront servi à la victoire finale. Car toute conquête de la science sur la matière, toute victoire du bon droit sur l'iniquité ou la fraude, de la charité sur l'égoïsme est un triomphe de la cause même de Dieu.

Ayons donc bon courage, dans le combat que nous avons à livrer de notre temps contre les partis sauvages et aveugles, qui s'attaquent à la famille et à la religion au nom de la devise : « Ni Dieu, ni maître », qui sapent les bases même de la société civilisée, et qui, s'ils l'emportaient, nous ramèneraient à l'anarchie barbare. A ces champions du matérialisme et de la jouissance réaliste, nous pouvons opposer le témoignage des siècles passés, qui est unanime en faveur *du Progrès par l'esprit, par la justice et par la liberté* ! Fort de ce témoignage, nous pouvons leur dire :

« Insensés que vous êtes, qui prétendez pétrir la société à votre guise, en dépit des droits éternels de la justice et de la liberté individuelle ! Dieu règne dans l'histoire, comme il gouverne le ciel étoilé. Et c'est en vain que vous, créatures d'un jour, vous vous flattez de régenter les générations futures, et de disposer de l'avenir de l'humanité De plus grands que vous l'ont tenté et s'y sont brisés. Et nous vous répéterons l'apostrophe, que le grand poète adressait au grand conquérant, qui avait rêvé l'empire du monde pour son fils Napoléon II :

« Non, l'avenir n'est à personne
Sire, l'avenir est à Dieu !
L'homme aujourd'hui sème la cause :
Demain Dieu fait mûrir l'effet........
Dieu garde la durée et vous laisse l'espace,
Vous pouvez sur la terre avoir toute la place,
Etre aussi grand qu'un front peut l'être sous le ciel ;
Sire, vous pouvez prendre à votre fantaisie
L'Europe à Charlemagne, à Mahomet : l'Asie ;
Mais, tu ne prendras pas demain à l'Eternel ».

Clermont (Oise). — Imprimerie Daix frères, 3, place Saint-André.